Couvertures supérieure et inférieure
manquantes

VILLE DE MONTBARD

INAUGURATION

DE LA

STATUE DE BUFFON

BÉNÉDICTION SOLENNELLE

DES

FONTAINES PUBLIQUES

le 8 octobre 1865

Lettres de MM. Duruy, ministre de l'Instruction publique, Villemain et Nisard.

Discours de MM. Chevreul, Duméril, Viard, maire; de M. le Curé et de M. le Sous-Préfet de Semur.

DIJON

IMPRIMERIE ET LITHOGRAPHIE EUGÈNE JOBARD

1865

INAUGURATION

DE LA STATUE DE BUFFON

à Montbard.

L'inauguration de la statue de Buffon a eu lieu le dimanche 8 octobre 1865. Son Excellence M. Duruy avait été invité à y assister, car il appartenait certainement à l'éminent ministre de l'instruction publique qui, voulant donner le pain de l'intelligence aux classes qui en sont déshéritées, a le premier inscrit dans son programme : instruction gratuite et obligatoire, de présider une cérémonie dont le but était d'honorer la mémoire d'un homme qui s'est immortalisé dans les sciences et les lettres.

Cependant M. Duruy, retenu à Paris par des occupations graves, a délégué, pour le représenter dans cette occasion, M. Chevreul, membre de l'Institut de France, professeur et directeur du Muséum d'histoire naturelle. Son choix ne pouvait évidemment tomber sur un homme plus digne de faire l'éloge du grand naturaliste que sur celui qui est, suivant la belle expression de M. le ministre : le doyen et l'honneur de la science française et l'un des héritiers légitimes de Buffon. C'est donc M. Chevreul qui a présidé la solennité de l'inauguration de la statue de Buffon ; nous ne dirons rien de son admirable discours, car nous le reproduisons plus loin et chacun pourra le lire et l'apprécier ; mais ce qu'il est impossible de faire revivre pour ceux qui n'en ont pas été témoins, c'est le débit, la chaleur, l'ardeur juvénile avec laquelle ce savant, *arrivé presque à l'âge où mourut Buffon*, prononça ce remarquable éloge; on sentait qu'il n'y avait qu'un homme profondément convaincu, qu'un homme de cœur capable de rendre ainsi sa pensée. Pendant une heure, M. Chevreul a tenu sous le charme de son éloquente parole un auditoire aussi ému que reconnaissant.

Quant à l'homme, tout le monde le connaît; on ne saurait l'approcher sans l'admirer et l'aimer; nous pouvons dire qu'il a laissé ici, dans tous les cœurs, un souvenir impérissable.

Un savant modeste, mais de grande valeur, M. Duméril, professeur au Muséum d'histoire naturelle, représentant la Société d'acclimatation, est venu ensuite, et, dans un discours concis, substantiel, mais trop court, à notre gré, il a cité Buffon comme le précurseur de la Société d'acclimatation, et exposé le but et les moyens de cette Société qui rend tant de services à l'agriculture et à l'industrie.

M. le président était accompagné de M. Bouillet, sous-préfet de l'arrondissement de Semur, et de M. Viard, maire de la ville de Montbard, auxquels s'était joint M. Rolle, député

L'Académie des sciences et le Muséum d'histoire naturelle étaient représentés par :

> MM. Decaisne,
> Daubrée,
> Milne-Edwards.

L'Académie de Dijon par :

> MM. Chevreul fils,
> Ladrey,
> Mercier.

La Société des sciences naturelles de Semur par :

> MM. Guérin, ingénieur,
> Collenot,
> Bréon.

La famille de Buffon par :

> MM. le général Guyod,
> Nadault de Buffon, ingénieur en chef ;
> Mongis, conseiller à la cour impériale de Paris.

La Commission chargée d'ériger la statue par :

> MM. Trémisot, trésorier de la ville de Paris ;
> De Montgolfier, conseiller général ;
> Larribe, ancien sous-préfet ;
> Odinot, juge de paix ;
> Bruzard, maire de Semur ;
> Royer, maire de St-Remy ;
> Charbonnaud, percepteur.

On remarquait parmi les autres notabilités :

> MM. Dumont, sculpteur, auteur de la statue, membre de l'Institut ;
> Vaudrey, ingénieur :
> Robin, professeur à la Faculté de médecine de Paris ;
> Jacotot, président du tribunal de Semur ;
> Gibert, substitut du procureur impérial de Semur.

Le corps municipal était également représenté par le maire, nommé plus haut, les deux adjoints, MM. Collet et Gruer, et une grande partie des membres du Conseil municipal.

Plusieurs délégués de la presse de Paris et du département avaient été invités et assistaient à la cérémonie.

Un certain nombre d'invités empêchés, les uns par la maladie, les autres par des affaires sérieuses, ont écrit à M. Chevreul et à nous pour nous manifester leurs vifs regrets de ne pouvoir se joindre à nous afin de rendre un suprême hommage à une gloire nationale.

Parmi eux nous citerons :

MM. S. Exc. le maréchal Vaillant, ministre de la maison
de l'Empereur ;

Le duc de Bassano, grand chambellan de l'Empereur ;

Le baron de Bry, préfet de la Côte-d'Or ;

Fremy, membre de l'Institut ;

Duband, architecte, membre de l'Institut ;

De La Cuisine, président de l'Académie de Dijon ;

Neveu-Lemaire, premier président de la cour impériale de Dijon ;

Leffemberg, procureur général à Dijon ;

Le général Sencier, commandant le département de
la Côte-d'Or ;

Mignard, membre de l'Académie de Dijon ;

Benoit, conseiller à la cour impériale de Dijon ;

Séguin aîné, membre correspon-
dant de l'Institut ;

De Sarcus ;

Le prince de Beauvau :

Le Dr Lacoste, conseiller général ;

Morcau, ancien président du tri-
bunal de Semur ;

Membres de la Commission de la statue de Buffon.

Monty, recteur de l'Académie de Dijon ;

Bellegrand, ingénieur en chef hydraulique de la
ville de Paris ;

Belin, ingénieur à Semur ;

Il Nadault de Buffon, substitut du procureur général à Rennes, etc., etc.

Lettre de M. le Ministre de l'Instruction publique.

Paris, le 5 octobre 1865.

MONSIEUR LE MAIRE,

Vous avez bien voulu m'inviter à la solennité que la ville de Montbard va célébrer en l'honneur d'un des hommes qui ont jeté le plus d'éclat sur le pays tout entier. Votre fête de famille est une fête nationale, et, sans les devoirs impérieux qui me retiennent ici, j'aurais été heureux de me rendre au milieu de vous.

Du moins, j'ai le plaisir de pouvoir me faire représenter par un homme illustre, le doyen et l'honneur de la science française.

Cette pensée adoucit mes regrets, car Buffon recevra d'un de ses héritiers légitimes l'hommage qui lui est dû, et auquel je m'associe de tout mon cœur au nom du Gouvernement et de la Patrie.

Recevez, Monsieur le Maire, l'expression de ma considération la plus distinguée.

V. DURUY.

L'Académie française comptait Buffon au nombre de ses membres les plus glorieux, et, à ce titre, elle avait l'obligation naturelle de se faire représenter à la cérémonie d'inauguration du 8 octobre; mais un concours de circonstances fortuites en a décidé autrement. Les deux lettres qui suivent : l'une de M. Villemain, l'autre de M. Nisard, directeur, expliqueront pourquoi aucun membre de cette illustre Compagnie n'a pu accompagner le délégué de M. le Ministre de l'instruction publique.

Lettre de M. Villemain, secrétaire perpétuel.

CHER ET ILLUSTRE CONFRÈRE,

Veuillez prendre connaissance de cette lettre de M. Nisard, directeur actuel de l'Académie. Vous y verrez l'excuse de son absence à la solennité, où l'Institut sera d'ailleurs si bien représenté. L'Académie n'est plus à temps de suppléer à cette absence, et quelques paroles dites par vous ou près de vous en donneront le motif et ne laisseront pas supposer d'oubli volontaire dans l'hommage rendu à la gloire de Buffon.

Agréez, cher et illustre Confrère, mes plus dévoués sentiments.

VILLEMAIN.

Ce 7 octobre 1865.

Lettre de M. Nisard, directeur de l'Académie française.

MONSIEUR ET ILLUSTRE CONFRÈRE,

Je trouve, en descendant du wagon qui me ramène aujourd'hui même de Hollande, la lettre par laquelle vous voulez bien m'informer que l'Académie m'a fait l'honneur de me choisir pour Directeur et d'exprimer le désir que son nouveau Directeur la représente à l'inauguration de la statue de Buffon.

Je ne puis me consoler d'être resté si longtemps sans la remercier de la première chose, et surtout de me voir hors d'état de la contenter dans la seconde.

C'est un motif douloureux qui m'a retenu en Hollande. Ma fille cadette que j'y avais amenée bien portante y est tombée malade, et j'ai dû passer à son chevet ou dans sa chambre les quelques jours que je m'étais promis d'employer à lui faire voir le pays. Je la ramène à Bruxelles à peine convalescente, très souffrant moi-même de fatigues et d'angoisses d'esprit.

J'avais prié qu'on me gardât toutes mes lettres pour mon retour ici ; on n'a que trop bien suivi mes prescriptions.

Que me reste-t-il à faire, Monsieur et illustre Confrère, sinon de m'excuser auprès de l'Académie d'un empêchement dont la cause la touchera. J'aurais voulu le faire de vive voix dès notre prochaine séance ; mais ma santé et des affaires de famille me forcent de prolonger mon séjour en Belgique. Je ne puis donc que recourir à votre obligeance pour faire agréer mes excuses à l'Académie.

Agréez, Monsieur et illustre Confrère, l'expression affectueuse de mes sentiments les plus reconnaissants et les plus distingués.

Signé : NISARD.

Bruxelles, ce vendredi soir 6 octobre 1865.

DISCOURS DE M. CHEVREUL,

Président.

Messieurs,

Les véritables titres à l'immortalité de l'écrivain sont ses propres ouvrages dont l'impression perpétue la durée. Mais la statue qu'élève à l'homme de génie une cité reconnaissante, avec la volonté de consacrer par un hommage durable la gloire d'un de ses enfants, est une bonne et noble action : expression d'une estime profonde et respectueuse pour ce qui est vraiment grand, elle donne un louable exemple aux populations ; car cette statue, offerte aux regards de tous sur la place publique, témoigne de la gratitude pour le bienfait, et, en en provoquant de nouveaux, elle prescrit la reconnaissance à ceux qui en jouiront !

Honneur donc à la ville de Montbard, patrie de Buffon ! Honneur à ses habitants, qui ont jugé l'image de leur illustre compatriote digne d'être transmise à la postérité ! Depuis plus d'un siècle déjà, l'admiration excitée par ses écrits, chez tous les hommes capables de faire la part du vrai et de l'erreur, atteste que le monde entier partage l'opinion en ce moment exprimée.

La pensée de deux rois ne se trompa point sur le mérite de l'auteur de l'*Histoire naturelle, générale et particulière*. Louis XV, en 1771, érigeait en comté la terre de Buffon. Cinq ans après, Louis XVI donnait la plus grande marque d'estime dont il pouvait honorer un sujet, en faisant placer la statue de Buffon dans ce cabinet d'histoire naturelle de Paris, tant agrandi par lui, s'il est vrai qu'il ne l'eût pas créé : et l'exquise délicatesse du souverain doublait encore l'honneur pour celui qui le recevait ; car, à l'insu du grand homme, le comte d'Angivillers, par ordre royal, avait chargé le sculpteur Pajou de faire secrètement la statue, et de la dresser ensuite pendant le séjour de Buffon à Montbard, afin que le modèle, de retour à Paris, n'apprît que de ses yeux mêmes l'éclatante distinction dont l'honorait l'initiative du roi.

Le Jardin royal de Paris offre donc au public l'image de votre illustre compatriote depuis quatre-vingt-neuf ans. Nous rappelons le fait, nous professeurs-administrateurs du Muséum, sans aucune prétention, puisque le mérite en remonte à la munificence souveraine ; et qu'après avoir accepté avec empressement votre cordiale invitation de prendre part à la fête de ce jour, nous avons senti, bien plus encore qu'auparavant, l'intimité des liens qui unissent Montbard avec le Muséum, et l'impossibilité de faire deux parts exclusives entre l'un et l'autre, quand il s'agit de parler de la gloire de Buffon.

Buffon fit pour le Jardin royal des plantes médicinales, créé à Paris en 1635 par le zèle ardent de Guy de la Brosse, ce que personne n'avait fait auparavant. L'étendue en fut plus que doublée ; et les difficultés étaient grandes, puisqu'il s'agissait de l'acquisition de terrains dépendants d'une abbaye ! Des serres, des amphithéâtres, des salles, furent construits ; celles-ci recevaient les produits de la nature animée et de la nature minérale, qui y affluaient de toutes les contrées du globe, grâce à l'activité de Buffon et surtout à son illustration. Enfin, plus d'une fois il avança des fonds considérables, ceux du trésor public se faisant trop attendre.

Buffon ne fut pas moins bon administrateur à l'égard des personnes qu'à l'égard des choses. Il sut composer un personnel laborieux, zélé, honnête et dévoué : chacun était propre à la place qu'il occupait. Le concours de ces hommes choisis, l'intérêt que portait le chef au petit comme au grand, la confiance qu'il avait en eux et celle qu'il leur inspirait, expliquent comment il pouvait passer plusieurs mois de l'année à Montbard sans compromettre la prospérité du jardin confié à ses soins. Enfin l'esprit éclairé qui présidait au choix des professeurs venait couronner dignement l'œuvre de l'intendant. Mais cette justice rendue à Buffon, comme administrateur, n'est point complète ; car supposez-le un moment remplacé par un homme doué de toutes les qualités administratives, mais étranger à la

culture des sciences, et quelque bonne qu'on suppose son administration, elle n'égalera jamais celle du savant, et l'on ne
verra pas des empereurs, des rois, des princes, des grands et
de nombreux savants, enrichir le cabinet du roi des dons les
plus précieux ; et dès lors le jardin créé par Guy de la Brosse
ne pourra atteindre au degré de prospérité qui rendit possible
la transformation de l'œuvre de Buffon en muséum d'histoire
naturelle, tant l'administration du savant avait été excellente à
tous égards.

Voilà, Messieurs, la déclaration que j'ai l'honneur de faire
dans la ville de Montbard, au nom de mes collègues du
Muséum, devant la statue de Buffon, intendant du Jardin
du roi !

Parlons maintenant de l'auteur de l'*Histoire naturelle, générale et particulière*, qui n'est plus à Paris, au milieu de ces salles
du jardin du roi, où une foule curieuse se presse pour voir les
produits de la création, sources des inspirations du grand historien qui les décrivit.

Buffon est à Montbard, dans la cité qui s'enorgueillit de lui
avoir donné le jour ; il est avec ses compatriotes, avec vos
pères, Messieurs ; il écrit ses œuvres immortelles dans ces jardins dont on parlera toujours !

Conservez les jardins du grand homme, car l'histoire est là ;
elle parle de la tour de Montbard qui se dresse sur ces terrasses,
et tant que le culte de l'esprit existera en France, cette tour
sera un monument national. Avant d'être à Montbard, je la
connaissais, ainsi que la *tour de Saint-Louis*, ce pavillon, appelé
par le prince Henri de Prusse le *berceau de l'Histoire naturelle*,
que Jean-Jacques Rousseau consacra à toujours, en se proster-
nant avant d'y entrer !

Est-il un hommage plus grand rendu au génie de Buffon ?
Cette fois, il n'émane pas d'un roi de France ; il exprime la
pensée d'un grand homme, qui eut le malheur de méconnaître la nature de la société humaine en ce qu'elle a de bon,
d'excellent même, de l'homme qui était mort à l'espérance
de voir cette société s'améliorer avec le temps, de l'homme,
enfin, qui ne put apercevoir les bienfaits que ses sembla-

bles sont aptes à recevoir de la culture des lettres et des sciences.

Si Condorcet exagérait la pensée contraire à celle de Jean-Jacques, en croyant la perfectibilité humaine indéfinie, reconnaissons que l'époque actuelle, où nous voyons les forces de la nature brute coordonnées par le génie de l'homme à l'avantage de tous, présente en faveur du progrès social un spectacle plus près de la vérité, que ne l'est le pessimisme du philosophe de Genève. Mais, Messieurs, si Jean-Jacques eut les yeux fermés sur le progrès des sociétés humaines, il souffrit trop de son erreur pour ne pas le plaindre, et il serait injuste en ce moment de méconnaître la grandeur de son hommage au génie de Buffon, et de ne pas lui en tenir compte !

L'auteur des *Confessions* plus qu'un autre sentait les beautés de la nature, et il sut les reproduire dans un style enchanteur, aussi bien que les plus tendres sentiments du cœur. Jean-Jacques, à genoux, et baisant le seuil de la porte du *berceau de l'Histoire naturelle*, offre donc un tableau plein de charme, parlant à l'esprit, et faisant bonne justice de critiques dont le style de l'*Histoire naturelle*, et ajouterai-je, dont le cœur même de son auteur, ont été l'objet.

L'union de Montbard avec le Jardin du roi était intime, car ici, au Jardin du roi, l'observation des faits sur les objets mêmes dont il écrivait l'histoire, et à Montbard, la rédaction, l'union des faits, leur généralisation, leur *synthèse*, le mot est vrai. Que de fois, sans doute, l'homme qui écrivit : « J'en con- » viens, et j'avoue que la découverte d'un *fait nouveau* dans la » nature m'a toujours *transporté* (1), » dut se reporter de Montbard au cabinet du roi ! De même, lorsqu'au cabinet du roi, un *fait nouveau* frappait son attention, que son esprit en apercevait les conséquences, que de fois il dut désirer la solitude de son cabinet de Montbard pour les développer à loisir ! Tant il est vrai que, dans le récit de la vie intellectuelle de Buffon, Montbard et le Jardin du roi sont inséparables ; et, en pro-

____

(1) *Des Mulets*, page 324 du tome VIII de Buffon, édition de Lacépède.

nonçant ces paroles à Montbard, au pied de la statue du grand naturaliste, Messieurs, je ne puis me défendre d'ajouter et *chers compatriotes!*

Ici finirait la tâche du directeur du Muséum d'histoire naturelle, si en apprenant de ma bouche la solennité de ce jour, le ministre de l'instruction publique ne m'avait pas exprimé ses regrets de ne pouvoir y prendre part, et si Son Excellence ne m'avait pas chargé de déclarer, en son nom, *l'importance qu'elle attache à tout hommage rendu par la France reconnaissante à ceux de ses enfants qui l'honorent dans le culte des sciences, des lettres et des arts.*

Cette déclaration, Messieurs, m'impose de nouvelles obligations. Tant que j'ai cru parler comme directeur du Muséum, convaincu que mon opinion sur la puissance de l'esprit de Buffon, la grandeur de ses conceptions et l'éclat de ses œuvres, était la vôtre, fort de cette sympathie, aucune appréhension ne me troublait dans l'expression des sentiments qui nous sont communs. Ma position est changée, je dois parler encore de Buffon, mais ce n'est plus de *l'intendant du jardin du roi,* du *compatriote,* ce n'est plus du NÔTRE. Ma parole s'adresse surtout aux absents : il faut qu'on sache au dehors que, si nous célébrons une fête de famille, le sentiment filial de nos cœurs ne nous empêche pas de savoir à quels titres Buffon est une des gloires de la France, une des gloires du monde entier !

En demandant votre attention, Messieurs, accordez votre indulgence à l'orateur animé du désir de faire partager les motifs de son admiration pour Buffon, sans répéter ici ce que tout le monde sait, ce que tant d'écrivains savants et lettrés ont dit du grand homme, dans un style brillant auquel il ne prétend pas.

Buffon a-t-il été apprécié à sa juste valeur? la part de la critique et la part de l'éloge ont-elles toujours satisfait l'équité et les lumières? Je ne le pense pas; mais heureusement la critique actuelle démontre que Buffon et ses adversaires n'envisageaient pas l'histoire naturelle sous le même point de vue; et parce que des deux côtés on ne voyait qu'une partie des choses, et une partie différente, les discussions ne pouvaient aboutir à une conclusion vraie, le tort ou la raison absolus n'étant d'aucun côté exclusivement.

Messieurs, ici se présente un des grands noms de la science, le nom de Linné ! En le taisant, mon silence ne semblerait-il pas une appréhension que la gloire de Buffon en souffrît ? Convaincu du contraire, je n'hésite point à reconnaître le tort qu'eut Buffon d'ouvrir son premier volume (1749) par blâmer en principe la classification des êtres vivants et critiquer la *Distribution des trois règnes de la nature par classes, ordres, genres et espèces*, que Linné publia à Leyde en 1735. Si le naturaliste suédois ne répondit pas, des élèves enthousiastes de leur maître protestèrent et la renommée de Buffon parut en souffrir auprès de quelques savants.

Depuis longtemps les passions ont disparu avec les personnes qui prirent part à la lutte, et aujourd'hui la critique ne peut être que profitable en expliquant la différence des titres auxquels des gloires rivales doivent les statues que la postérité leur dresse. On ne l'accusera donc pas d'amoindrir Buffon en parlant de Linné, lorsqu'elle rappellera la puissante influence exercée sur les progrès des sciences naturelles par ces deux intelligences, si grandes, mais si diverses ! L'histoire des hommes de génie est pleine d'enseignements, et encore pleine d'attraits, de ressemblances, aussi bien que de contrastes! N'est-ce pas un fait notable que l'année 1707 vit naître Linné, et, trois mois et demi après, Buffon ? Linné était fils d'un pauvre curé de Roeshult, en Suède, de ce royaume à peine de trois millions d'âmes, qui le même siècle donna au monde savant, avec Linné, Bergmann, Scheele et Berzélius ! Buffon était fils d'un conseiller au parlement de Bourgogne, de cette province qui donna dans le XVIIe siècle à la chrétienté Bossuet, le dernier père de l'Eglise, et qui, dans le siècle suivant, compta comme contemporains avec Buffon et Daubenton, aussi enfant de Montbard, Crébillon, Rameau et l'auteur de la *Métromanie*.

Messieurs, mettez de côté l'expression si fausse de *l'homme complet*, veuillez me prêter un moment d'attention, et vous verrez qu'aujourd'hui les noms de Buffon et de Linné peuvent être prononcés par la même bouche sans que l'un nuise à l'autre, tant le champ de l'histoire naturelle est vaste, relativement à la gloire de ceux qui le cultivent !

La vocation de Linné pour l'histoire naturelle se révéla par la passion des plantes, et bientôt elle embrassa du même amour les deux autres règnes de la nature. Le but de la vie intellectuelle du grand naturaliste suédois fut non pas de DÉCRIRE tous les produits de la nature, mais *de* DÉFINIR *chaque espèce par une phrase brève et pittoresque,* autant que possible, et *d'ordonner l'ensemble des espèces de chaque règne en groupes de divers ordres;* de manière *qu'en descendant successivement du règne à l'espèce on arrive au* NOM *de celle-ci,* lequel, par un heureux artifice, se compose d'un *nom générique* et d'un *nom spécifique.*

Tel a été Linné.

Buffon ne lui ressemble en rien. Riche de sa fortune patrimoniale et libre du choix d'un état, après avoir joui de tous les plaisirs de Paris, il sentit le besoin de la gloire, mais, la voulant durable, il ne recula devant aucun des obstacles qui se dressent contre ceux qui la désirent. D'abord, il sembla obéir à un goût pour les mathématiques qui s'était manifesté dès le collège; car, en 1733, à l'âge de vingt-six ans, il entra comme géomètre à l'Académie des sciences; cependant ce titre ne l'empêcha point de donner deux ans après une traduction de la *Statique des végétaux de Hales* (1735), et de s'occuper à la fois de physique et d'économie forestière. Enfin, appelé à l'intendance du Jardin du roi (1739, il considéra comme un devoir impérieux de cette position de consacrer désormais tous ses efforts aux progrès de l'histoire naturelle. Ainsi, Messieurs, Buffon, riche de la fortune de son père, d'intelligence et de science acquise, devint *naturaliste* par devoir à l'âge de trente-deux ans, et le pauvre Linné l'était devenu par *vocation* dès l'âge de dix ans.

Lorsque Buffon voulut être naturaliste, la science lui apparut sous un aspect bien différent qu'à Linné. Il é ait dans la puissance de l'âge et d'un esprit fortifié par des études aussi profondes que variées; maître de ses loisirs, il les consacrait à l'étude; s'il sentait sa force, s'il savait que la vue de l'esprit est rapide, il connaissait et l'insuffisance de l'improvisation pour une production littéraire vraiment sérieuse, et la nécessité du temps dans la coordination de toute idée nouvelle avec d'autres. La mauvaise organisation de ses yeux lui interdisant d'ailleurs l'observation microscopique prolongée et toute dissection soignée, il pouvait consacrer à la méditation un temps dont, avec des organes meilleurs, il eût disposé autrement. Mais on s'abuserait étrangement de croire que ce temps ne servit à Buffon qu'à l'arrangement de paroles harmonieuses pour le plaisir de l'oreille; sans doute son style, brillant, coloré et quelquefois pompeux, a contribué à la gloire du naturaliste à l'égard des gens du monde et des simples lettrés; mais ce style a bien d'autres mérites pour les juges capables d'en apprécier toute la valeur, parce que, en réalité, il est un produit du concours des qualités les plus rares et les plus variées de l'érudit, du philosophe, du savant et d'un lettré doué à la fois du goût le plus pur et de l'éloquence la plus élevée. C'est donc grâce au temps, que Buffon a pu fondre ensemble ces éléments divers en un tout unique, d'une forme si pure et si belle qu'elle empêche certains lecteurs d'apercevoir la richesse des éléments précieux qui la constituent.

Si la critique a relevé, avec une apparence de raison, un style trop pompeux à l'égard du sujet, en la supposant vraie, elle ne s'applique qu'à un si petit nombre de passages, que ceux-ci disparaissent dans l'ensemble de l'œuvre dont le style est si bien approprié aux sujets divers, qu'il comprend qu'on ne peut se refuser à placer Buffon au premier rang des maîtres dans l'art d'écrire, car, en définitive, son style offre la précision de l'idée, la propriété des termes, et la clarté de la phrase revêtue de la forme littéraire la plus élégante.

La distinction des éléments du style de Buffon explique, avec quelques moments de réflexion, la différence extrême qui distingue l'œuvre du naturaliste français de l'œuvre de Linné. Le talent d'observer la nature est commun aux deux naturalistes, mais la différence des deux œuvres est grande.

Le système de la nature réduit la connaissance de chaque espèce d'un règne à un petit nombre d'attributs dont l'ensemble n'appartient qu'à elle. Cet ensemble est le *caractère de l'espèce*; il est commun à tous les individus qu'elle comprend.

Le genre, l'ordre, la classe, sont chacun caractérisés d'une manière analogue. La conséquence est donc la facilité de trouver le nom d'une espèce en constatant dans un individu de cette espèce le *caractère* de la classe, le *caractère* de l'ordre, le *caractère* du genre, enfin le *caractère* de l'espèce.

Le système de la nature ne comprend donc essentiellement qu'un très petit nombre. des qualités, des attributs, appartenant à un être vivant. Dès lors on peut dire que cet *être n'est que défini*, c'est-à-dire distingué de tout autre analogue.

Le but que s'est proposé Buffon est absolument différent. Sa prétention n'est pas de *définir* l'être vivant, mais bien de le *décrire*. On conçoit dès lors le reproche d'*imperfection* qu'il adresse aux méthodes de classification en général et au *Système de la nature* de Linné en particulier, puisqu'elles se bornent, dit-il, à faire connaitre *une seule partie de l'être*. Buffon aspire, sinon à tout décrire, du moins à faire connaitre les attributs, les rapports les plus importants, les plus intéressants des êtres vivants. S'agit-il de l'étude des animaux, il les étudie au point de vue de la forme et de leur structure intérieure; et c'est pour cela qu'il associe Daubenton à ses travaux. Il veut connaitre les fonctions des organes, les mœurs et les intincts. Son histoire des quadrupèdes, comme celle des oiseaux, comprend essentiellement toutes les connaissances qui se rattachent aux individus censés sortir d'un même père et d'une même mère dont l'ensemble constitue *une espèce* (1).

Pour atteindre ce but il n'a pas trop de connaissances. Aussi l'étude sérieuse qu'il fit des mathématiques, sa passion pour

(1) Il est aisé d'apprécier la différence des écrits de Buffon d'avec ceux de Linné, en distinguant deux parties dans la zoologie et dans la botanique. La première traite de l'*histoire des individus d'une même espèce*, c'est-à-dire de ceux qu'on peut considérer comme issus d'un même père et d'une même mère. La seconde partie traite de la *classification des espèces animales ou végétales en groupes de plus en plus généraux depuis le groupe-espèce jusqu'au groupe-règne inclusivement*. Tous ces groupes sont de *pures abstractions* de l'esprit, la première partie seule traite des *êtres concrets*.

Buffon s'étant surtout occupé de la première partie, et Linné de la seconde, on s'explique pourquoi rien d'utile ne résulta des attaques de Buffon connaître les faits naturels, soit par sa propre observation, soit par celle des autres, ses études consciencieuses et variées, ses goûts littéraires, sa puissance de travail, et enfin ce sentiment profond qu'il avait des conditions propres à assurer la gloire de l'écrivain, voilà le concours des forces qui font de Buffon un naturaliste supérieur quant à la profondeur des idées et au mode heureux de les exprimer.

Les pages brillantes de l'*Histoire naturelle* qui ont valu à leur auteur le titre de *grand peintre*, et les discours restés célèbres dans les fastes de l'Académie française, sont trop connus pour en parler ici ; mais, rappeler les faits principaux, dont la découverte remonte à l'esprit du savant, et les vues générales léguées à la postérité par le philosophe naturaliste, est une obligation pour l'orateur.

Où trouver plus d'observations sur les mammifères et les oiseaux que dans les livres de Buffon ? N'a-t-il pas décrit beaucoup d'espèces *nouvelles*, et plusieurs de ses successeurs n'ont-ils pas emprunté, sans avouer la créance ? Qui, mieux que lui, a étudié l'influence de l'homme sur les animaux ? Que d'intérêt il sait inspirer au lecteur dans son histoire des animaux domestiques, quand il parle des services qu'ils nous rendent, et de la diversité des causes par lesquelles se maintiennent leurs domesticités respectives ! Que de piquants contrastes ! Le chat n'est pas soumis à l'homme ; il y tient sans doute à cause de la nourriture qu'il en reçoit, mais jamais il ne lui a accordé sa confiance, aussi ne vit-il en sécurité que là où tous les refuges lui sont connus, et est-il, comme on le dit, *l'ami de la maison*

contre les classifications, puisque celles-ci font partie essentielle de la science, et comment les adversaires de Buffon, pareillement trop exclusifs à leur point de vue, ne virent pas ce qu'il y a de réellement grand, original et vrai dans l'*Histoire naturelle, générale et particulière*, préoccupés qu'ils étaient que les classifications sont toute la science.

(Voir la *Distribution des connaissances humaines du ressort de la philosophie naturelle conforme à la manière dont l'esprit humain procède dans la recherche de l'inconnu en allant du concret à l'abstrait, et revenant de l'abstrait au concret*, par M. CHEVREUL). [*Mémoires de l'Académie des Sciences*, tome XXXV, et *Introduction à l'Histoire de la Chimie* (ouvrage inédit.)].

plutôt que de ses maîtres (1). Comparé au chien, la différence est extrème. L'homme n'a point conquis un sauvage, un esclave, il a trouvé, en s'attachant le chien, un serviteur fidèle, un ami assez désintéressé pour préférer souvent à sa propre vie celle de son maître. Sans doute, les études de Buffon sur les facultés qui régissent l'animal ne sont pas parfaites ; mais les résultats se rapprochent plus de la vérité que les opinions de Condillac, son contradicteur.

Ses considérations générales sur *les animaux*, son écrit sur leur *dégénération*, et son *histoire de l'homme*, remarquables par l'originalité autant que par la justesse des idées et l'élévation des vues, sont l'origine de la *géographie zoologique* et de l'*anthropologie*, aujourd'hui branches distinctes de l'histoire naturelle.

Coordonnez des vues de ces mêmes écrits avec ses *Recherches sur les mulets*, éclairées de l'*expérience*, et Buffon vous apparaîtra comme le précurseur de ceux qui, dans ce siècle et même à la fin du dernier, ont cherché à modifier, à l'avantage de l'homme, par le métissage et la sélection, les races d'animaux domestiques. Buffon a encore parfaitement senti le jour que l'expérience peut répandre sur les connaissances de l'*espèce*, envisagée dans les êtres vivants ; et, en parlant de l'*influence exercée par la délicatesse et le degré de développement de chaque organe sur la nature des diverses espèces*, il a émis, dit G. Cuvier, DES IDÉES DE GÉNIE (1) !

Enfin, Messieurs, rappelons la grandeur des vues de Buffon sur la chaleur centrale de la terre et sur les révolutions du

---

(1) Si cette explication n'était pas conforme tout à fait à l'opinion de Buffon, j'en assumerais la responsabilité.

(1) « .... qui feront désormais la base de toute histoire naturelle philoso- » phique, et qui ont rendu tant de services à l'art des méthodes, qu'elles » doivent faire pardonner à l'auteur le mal qu'il a dit de cet art. » (G. Cuvier, *Biographie universelle*, tome VI, page 272.)

Je cite ce passage avec d'autant plus d'empressement qu'il me donne l'occasion de déclarer que l'article *Buffon*, duquel il est extrait, est un des meilleurs de la *Biographie* de Michaud, et que le jugement de G. Cuvier est excellent à mon sens, et qu'il témoigne combien on a eu tort de prétendre que Cuvier était envieux de la gloire de Buffon.

globe : si la distinction de ses *sept époques* n'a pas reçu la sanction du temps, *le fait des révolutions est démontré,* et le grand naturaliste a parfaitement prévu la lumière que l'étude des fossiles enfouis dans les couches de la terre, répandrait un jour sur les époques respectives de leur formation.

Réunissons maintenant les titres du savant aux titres du lettré, et disons à tous sans hésiter : Voilà pourquoi les compatriotes de Buffon et les professeurs du Muséum proclament *l'auteur de l'Histoire naturelle, générale et particulière, une des* GLOIRES DE L'HUMANITÉ *appartenant au monde entier !*

Toute ame élevée, après avoir goûté le charme d'un grand écrivain, n'est-elle pas disposée à demander quel était l'homme privé, et n'est-elle pas satisfaite de la réponse affirmative d'une complète harmonie entre les deux ? Cette harmonie existe entre Buffon, l'homme privé, et l'auteur de l'*Histoire naturelle.* On connaît l'admiration alliée à l'amour le plus tendre qu'il sut inspirer à sa jeune femme, Mlle Marie-Françoise de Saint-Belin-Màlain. La simplicité du style de ses lettres témoigne de la sincérité des sentiments les plus louables qu'il exprime. Les lettres à son fils n'émanent-elles pas de l'amour paternel le plus affectueux comme le plus attentif ? Enfin un père a-t-il jamais dépassé en dignité la conduite de Buffon, quand il connut l'outrage fait à son fils par une jeune fille indigne de recevoir le nom devant lequel nous nous inclinons en ce moment ? J'en dis trop peut-être en parlant devant des compatriotes dont les souvenirs les plus honorables pour le grand homme sont ici des traditions de famille (1), en parfait accord avec celles que nous tenons de nos prédécesseurs du Jardin du Roi !

(1) Voir les trois volumes sur Buffon publiés par son arrière-petit-neveu, M. Henri Nadault de Buffon.

Messieurs,

En vous parlant de votre illustre compatriote, je ne vous ai rien dit des souvenirs qui se rattachent aux lieux et au temps où j'ouvris pour la première fois son *Histoire naturelle*. C'était à l'école centrale d'Angers, au commencement du siècle. La vivacité de ces souvenirs et l'émotion que j'éprouve du spectacle que j'ai sous les yeux, en me reportant aux temps de mon enfance et de ma jeunesse, me suggèrent entre le présent et ce passé déjà si loin de moi des comparaisons que je vous prie d'accueillir avec indulgence. Vous savez que le vieillard vit de souvenirs, et celui qui vous parle aura bientôt l'âge où mourut Buffon.

Mon plus ancien souvenir remonte à l'enthousiasme et à l'espérance qu'inspirait l'Assemblée nationale pour le bonheur de la France : sentiments si vite déçus devant la triste réalité.

Quelque pénible que soit le souvenir du passé, de ce temps de désolation, il y aurait pourtant danger à le perdre. Mais si un cœur patriote en parle, loin de vouloir exciter les passions en rappelant les discordes passées, c'est au contraire avec l'espoir d'en rendre le retour impossible en opposant les bienfaits de l'ordre aux malheurs du désordre, le juste à la force arbitraire ou aveugle, et en montrant ce que l'humanité, le progrès social, ont à gagner du rapprochement de toutes les classes pour travailler de concert au bonheur commun.

Qui n'a pas vécu au milieu des guerres civiles de l'Ouest ne peut, d'après le simple récit de l'histoire, se faire une idée vraie de ce qu'était la société et la famille, car le repos, la sécurité du lendemain ne se trouvaient ni dans les villes ni dans les champs.

Si le poète a parlé de la satisfaction, un peu égoïste sans doute, de l'homme contemplant à l'abri de la tempête les malheureux qui en sont les victimes, si un législateur, comme précepte de tempérance, présentait à de jeunes citoyens la vue de malheureux esclaves abrutis par l'ivresse, on me permettra, en faveur de mes vœux sincères pour le bonheur futur de la société, d'opposer le passé que j'ai vu au présent que nous voyons, et qui certes lui est bien préférable. Mon enfance a vu l'homme devancer le temps pour faire des ruines; mais d'autres ruines, pour ne pas frapper les yeux, n'en étaient ni moins réelles ni moins affligeantes. Les corps enseignants de la vieille France avaient disparu, et plusieurs années s'écoulèrent sans qu'ils eussent de successeurs; en ce temps, grande était l'angoisse des pères de famille de se voir dans l'impossibilité de donner aucune instruction à leurs fils. Aussi, dès l'ouverture des écoles centrales, la satisfaction fut générale; et à l'école centrale d'Angers, des enfants, des jeunes gens, des vieillards, y accouraient de tous les points du département. L'auditoire écoutait les professeurs dans un silence religieux, préparé sans doute par le long jeûne auquel les esprits avaient été soumis.

Depuis les écoles centrales, l'enseignement n'a-t-il pas été en croissant? Aujourd'hui l'instruction coule à pleins bords; elle est offerte par l'administration aussi bien que par de simples particuliers. Une bien louable émulation anime tous les corps enseignants; et ceux qui ont vu les œuvres des écoles primaires exposées à profusion sur les murs du Palais de l'industrie savent que les *frères* ne sont pas les derniers en ardeur à remplir leur noble mission. Grâce à cet élan général, l'instruction pénètre de plus en plus dans toutes les classes de la société.

L'hommage, si sympathique à tous, rendu en ce moment à la mémoire de Buffon n'est-il pas un témoignage de la reconnaissance publique, une preuve éclatante de son respect pour les grandes choses, une protestation contre le désordre qui fait les ruines, puisqu'en ce moment le vœu de nous tous est pour la durée indéfinie du monument que nous inaugurons? Ce sentiment me touche d'autant plus fortement que, Dieu merci! la France n'est point exclusive dans sa reconnaissance. Si aujourd'hui nous honorons le génie scientifique et littéraire, j'aime à rappeler que dans la seconde ville de l'Empire, sur la place Sathonay, à Lyon, est élevée la statue d'un simple ouvrier, de Jacquard!

Je n'hésite pas, Messieurs, à répéter que le temps actuel est préférable au passé que j'ai vu. Une réflexion éclairée de l'histoire peut à la fois calmer des impatiences et fortifier l'espérance de ceux dont la foi n'est pas entière dans l'avenir de la société. Non, la société actuelle, avec l'activité dont elle est animée, ne périra pas! Le croire est un blasphème! C'est désespérer de la bonté et de la justice de la Providence divine; c'est désespérer de la science, de la raison et du cœur de l'homme. Le croire est donc la satire la plus amère que l'on puisse faire de Dieu et de la raison humaine!

Ce qui est désirable, Messieurs, c'est que la *vérité* soit toujours enseignée. Si les merveilles découvertes par les sciences parlent en faveur de l'esprit humain, il faut, en le proclamant, se garder d'exalter l'orgueil en faisant une part trop grande à l'individu au détriment de la société. Le devoir du maître est d'être juste. Il faut donc qu'il s'applique à montrer que, quelque soit le mérite de l'individu, celui-ci a plus reçu de ses devanciers et de ses contemporains qu'il n'a donné à ces derniers, et dès lors, pour être vrai et juste, au lieu de sentiments d'orgueil, sa bouche doit prononcer *reconnaissance!*

Messieurs, si la société humaine devait périr, l'erreur en serait le bourreau et non la vérité!

MESSIEURS,

L'honneur qui m'a été donné d'exprimer dans cette solennité les sentiments d'admiration, dont les professeurs-administrateurs du Muséum d'histoire naturelle sont pénétrés pour Buffon, remonte à un nom auguste que je ne pourrais taire sans une coupable ingratitude : c'est celui de Napoléon III! Car la science doit à l'Empereur la conservation du Muséum avec le caractère absolument scientifique dont l'origine remonte à sa fondation même; c'est donc un devoir de répéter ici, avec mes confrères :

A l'Empereur, nos sentiments de respectueuse et profonde gratitude!

Messieurs,

Je suis chargé, au nom de l'illustre secrétaire de l'Académie française, M. Villemain, d'exprimer le regret que sa santé, si chère aux lettres, lui ait interdit le voyage de Montbard. Il a parlé de Buffon de manière à nous donner l'assurance que si le *corps* est absent, l'*esprit* de l'illustre secrétaire est avec nous, et que ses sympathies pour le grand naturaliste sont les nôtres.

Messieurs,

La Société impériale et centrale d'agriculture de France était en vacance, lorsque j'ai appris l'inauguration de la statue de Buffon; mais, siégeant dans son bureau depuis dix-sept ans, j'ai la mission d'exprimer, au nom de la Société, que celle-ci tient à honneur d'avoir compté Buffon parmi ses membres les plus anciens.

Messieurs,

Buffon siégea : cinquante ans à l'Académie des sciences : trente-cinq ans à l'Académie française; vingt-sept ans à la Société d'agriculture de Paris.

Il fut quarante-neuf ans intendant du Jardin du roi.

Au nom de l'Institut impérial de France !

Au nom de la Société impériale et centrale d'agriculture de France !

Au nom du Muséum d'histoire naturelle !

HOMMAGE

A LA MÉMOIRE DE BUFFON !

DISCOURS DE M. VIARD,

Maire de Montbard.

MESSIEURS,

Une année ne s'est pas encore écoulée depuis le jour où une solennité semblable à celle-ci réunissait quelques-uns de nous autour de la statue élevée, au jardin d'acclimatation, à la mémoire de Daubenton; alors, je réclamais votre indulgence pour ma faiblesse, mais aujourd'hui qu'il s'agit de louer une plus grande renommée encore, que vous demanderai-je? Je sens d'autant plus mon insufffsance, que l'homme dont je dois parler excellait dans l'art si difficile de bien dire et de bien écrire. J'ai lu et relu ses ouvrages, j'ai essayé de me pénétrer de ses idées, de m'approprier sa diction si nette et si pure; j'ai tenté de lui dérober quelques étincelles du feu sacré qui anime ses écrits; mais j'ai bien vite reconnu l'inutilité et la vanité de mes efforts, et vous me voyez réduit à puiser dans mes propres forces le courage d'affronter le jugement d'une assemblée d'élite et la redoutable majesté d'un grand nom!

Je viens, délégué par mes concitoyens, faire amende honorable au pied de ce monument. Depuis huit ans, en effet, qu'il est érigé, nous avons à nous reprocher une apparence d'oubli, un semblant d'indifférence à l'endroit du plus illustre des enfants de cette ville. La statue que vous voyez devant vous s'est élevée sans bruit, et je dirai même presque clandestinement: réservez cependant votre jugement, Messieurs; des obstacles imprévus, des difficultés d'exécution, quelques embarras financiers, sont seuls la cause de ce long, beaucoup trop long retard. Ici, la mémoire du grand naturaliste est chère à tous; elle est notre bien, elle est notre gloire. Ecoutez cet enfant qui sait à peine balbutier quelques mots, un des premiers noms qu'il prononcera sera celui de Buffon; interrogez ce vieillard courbé sous le poids du travail manuel et à l'air indifférent, au nom de Buffon il se redressera avec fierté et sentira monter à son front des bouffées d'orgueil.

En effet, comment pourrions-nous oublier cet homme extraordinaire? Tout n'est-il pas plein de sa personne? Si j'entre dans sa demeure, c'est lui qui l'a fait construire, qui en a tapissé les salons et les galeries de planches représentant ce monde innombrable des oiseaux qui peuplent son histoire naturelle. Si je parcours les allées ombreuses de ce parc que vous voyez devant vous, je rencontre à chaque pas des souvenirs précieux : ici, la colonne élevée au père par la pieuse humilité du fils; là, le cabinet solitaire où Buffon travaillait de cinq heures du matin à deux heures du soir; retraite paisible et accessible seulement à quelques-uns de ses amis et collaborateurs ; c'est là que, séparé du monde, il était en communication constante avec les richesses de la création et les splendeurs de la nature; c'est là qu'il composa les trente-six volumes de son Histoire naturelle; c'est sur le seuil de ce cabinet, témoin muet de tant de travaux, que Jean-Jacques s'est respectueusement incliné avant d'en violer le silence.

A deux pas, vous trouverez la retraite d'un autre savant, de Daubenton. Buffon a dit : le style c'est l'homme même; ne pourrait-on pas dire aussi, avec quelque vérité: tel homme, telle demeure! car, tandis que l'intelligence créatrice, l'imagination fougueuse de l'illustre penseur, est à l'étroit dans une maison et des jardins princiers, une demeure simple et modeste suffit à l'esprit observateur et patient de Daubenton.

Voici, Messieurs, à nos côtés, la dernière demeure où repose la dépouille mortelle du grand homme! L'enveloppe matérielle est là dans ce froid caveau; il n'en reste qu'un peu de poussière, mais son génie immortel plane sur cette image à laquelle le ciseau d'un grand artiste a redonné la vie.

Honneur à vous, qui avez fixé sur le bronze les traits de Buffon, ce monument n'attend déjà plus le jugement de l'avenir; il a causé l'admiration générale et il est la consécration d'un immense talent.

Nous sommes arrivés au jour de la réparation, et elle est

d'autant plus éclatante que l'illustre représentant d'un nouveau Mécène, que des savants et des magistrats éminents ont bien voulu s'unir à nous pour glorifier, dans une solennité dont tout le monde ici conservera le souvenir, la mémoire de notre compatriote.

Cette union intellectuelle, trop passagère, à notre gré, nous élève un moment jusqu'à vous, Messieurs, et nous procure la jouissance la plus vive et la plus pure que nous puissions ambitionner.

Une voix éloquente et autorisée vient de vous dire la vie et la grandeur de Buffon ; permettez-moi de ne pas résister au désir de vous en entretenir aussi quelques instants Je ne me fais pas illusion ; je sais que les ouvrages de Buffon ont été étudiés et analysés dans leurs moindres parties, et que tout a été dit, excellemment dit sur lui, principalement par son successeur, M. Flourens. Je ne me déguise pas le péril que je cours dans une pareille entreprise ; cependant, j'ai toujours entendu dire qu'il ne fallait jamais se lasser de répéter, de vulgariser les bonnes et belles choses. Pour m'encourager, je retourne une maxime bien connue, et je dis : Enseignez ! enseignez le bien et le beau, et il en restera toujours quelque chose !

Je pourrais vous parler longuement de sa Théorie de la terre, où il prouve, malgré les plaisanteries de Voltaire, que nous foulons un ancien lit de l'océan, et confirme les vues d'un autre homme de génie, Bernard de Palissy, sur la nature des coquilles ; de son chef-d'œuvre parmi ses chefs-d'œuvre, ses époques de la nature, création d'une science qui a grandi et d'un esprit qui s'est élevé. Je voudrais vous lire quelques-unes de ses descriptions des êtres qui peuplent la terre, vous verriez avec quelle magnificence de pinceau, avec quelle finesse et quelle exactitude il devine et décrit les mœurs et les habitudes des animaux et des oiseaux ; avec quel bonheur d'expressions il peint le splendide vêtement que la nature leur a donné, et sait en faire briller la variété, la richesse et l'éclat. Buffon possédait le don de seconde vue propre aux intelligences d'élite, et cette faculté lui faisait découvrir et poser des lois générales qu'une science plus avancée n'a fait que confirmer.

Mais non, je serai infiniment plus modeste, et je me conten-
terai de vous signaler, dans les œuvres dont je viens de vous
parler, un point remarquable à plus d'un titre ; il est vrai de
dire que celui qui veut y puiser n'a que l'embarras du choix.

Tout le monde connaît le passage où l'historien de la nature,
qui le premier a posé le principe de l'unité de l'espèce humaine,
traite des divers sens ; cette étude est pleine d'aperçus ingé-
nieux et de remarques d'une extrême délicatesse.

Ici, il explique comment, pour les sens de la vue, de l'ouïe et
du toucher, les rapports exacts, les proportions, la régularité,
produisent une sensation de plaisir, tandis que les inégalités,
la disproportion déterminent l'impression contraire. Là, il
prouve que les sens se complètent réciproquement, mais que
le toucher est celui qui est chargé de redresser les erreurs et de
rectifier les illusions des autres ; qu'il est, en un mot, le sens
du jugement ; il va même jusqu'à dire : « Un homme n'a peut-
être beaucoup plus d'esprit qu'un autre que pour avoir fait,
dans sa première enfance, un plus prompt usage de ce sens. »

Je ne connais rien de plus fin, de plus sagace, rien de plus déli-
cat que la peinture de l'homme s'éveillant à la vie et faisant, avec
une surprise mêlée de plaisir, l'essai timide de chacun de ses
sens. C'est, à mon avis, le tableau le plus ravissant, le plus spiri-
tuellement savant que je connaisse de la prééminence relative
d'organes auxquels nous devons nos jouissances et notre per-
fection.

On a accusé Buffon de matérialisme, mais, malgré certaines
apparences et certaines assertions, il suffit d'examiner, avec
conscience et impartialité, ses opinions et ses théories, pour
reconnaître qu'elles conduisent, sans conteste, au vitalisme,
c'est-à-dire au spiritualisme ; j'en prends à témoin le passage
suivant qui a bien pu blesser certains esprits timorés et pré-
venus, mais qui éclaire d'une vive lumière ses principes philo-
sophiques et religieux. A ceux qui opposaient, comme une bar-
rière infranchissable aux déductions de sa raison, la foi aveugle,
la lettre qui tue, au lieu de l'esprit qui vivifie, il faisait cette
sublime réponse :

« Je suis affligé toutes les fois qu'on abuse de ce grand, de ce saint nom de Dieu; je suis blessé toutes les fois que l'homme le profane et qu'il prostitue l'idée du premier être en la substituant à celle du fantôme de ses opinions. Plus j'ai pénétré dans le sein de la nature, plus j'ai admiré et profondément respecté son auteur: mais un respect aveugle serait superstition : la vraie religion suppose, au contraire, un respect éclairé. Voyons donc, tâchons d'entendre sainement les premiers faits que l'interprète divin nous a transmis au sujet de la création, recueillons avec soin ces rayons échappés de la lumière céleste ; loin d'offusquer la vérité, ils ne peuvent qu'y ajouter un nouveau degré d'éclat et de splendeur. »

Mais quittons le savant pour l'homme :

Georges-Louis Leclerc, comte de Buffon, naquit à Montbard le 7 septembre 1707 et mourut à Paris le 16 avril 1788. A quatre-vingt-un ans, il n'avait rien perdu, ni de sa force de caractère, ni de son énergie morale, ni de son intelligence ; il avait, comme à quarante ans, la plénitude de ses facultés et l'intégrité de presque tous les sens, dont il savait si bien faire l'analyse.

Qui ne penserait qu'à cet âge, après une vie de labeur, après avoir mis au jour une œuvre de Bénédictin, Buffon devait aspirer au repos? Eh bien ! non, Messieurs, à cette période de la vie où la décrépitude et l'affaissement intellectuel courbent déjà depuis longtemps le commun des hommes, il n'avait pas de plus grande jouissance que le travail, mettait la dernière main au 35ᵉ volume de son *Histoire naturelle* et laissait les matériaux du 36ᵉ. Il aurait pu dire, comme Daubenton : « Mes amis, quand j'aurai vieilli, il sera temps de penser à la retraite. » La mort de cet homme, qu'on pourrait dire prématurée, fut une perte immense et laisse d'autant plus de regrets que quelques progrès de plus dans l'art chirurgical auraient pu, peut-être, nous le conserver dix ans encore ; qui sait ce que pendant dix ans le génie de Buffon aurait enfanté?

L'esprit humain est ainsi fait qu'il semble ne s'apercevoir de la grandeur d'un homme et des chefs-d'œuvre qu'il a produits que lorsqu'il n'est plus et quand il ne peut plus jouir de cette gloire d'outre-tombe. Buffon a eu l'heureuse et rare fortune de faire exception à cette triste règle ; tous les corps savants nationaux et étrangers s'empressèrent de lui offrir une place d'honneur dans leur sein, tant il est vrai que l'homme de science n'a pour ainsi dire pas de nationalité, mais appartient au monde tout entier. Il n'a jamais été courtisan, et cependant tous les souverains voulaient à l'envi le visiter et jouir de sa conversation ; aucun honneur, aucune distinction ne lui ont manqué : il put jouir pendant sa vie de l'admiration de ses contemporains et se voir élever dans les galeries du Jardin du roi une statue au bas de laquelle on lisait :

Majestati naturæ par ingenium.

Inscription bien faite pour lui donner de la vanité s'il n'avait eu déjà le sentiment de sa valeur personnelle ; il professait une si haute estime pour lui-même, qu'à cette question qui lui était faite un jour : Combien connaissez-vous de grands hommes ? il répondit : Cinq : Newton, Bacon, Leibnitz, Montesquieu et moi.

Buffon ne s'est pas trompé : son nom, comme ceux d'Aristote et de Pline, passera à la postérité la plus reculée.

Il avait, Messieurs, l'instinct de la magnificence en toutes choses, mais le faste ridicule qu'on lui a tant reproché n'est qu'une invention faite à plaisir. Il était doué, comme vous le voyez, de tous les avantages physiques que la nature peut départir à un homme ; son port et ses manières étaient pleines de distinction.

N'allez pas croire cependant que cet homme si grand, si recherché dans les pratiques ordinaires de la vie fut inabordable ou d'un commerce difficile, non, Buffon était bon avec tout le monde et ne faisait jamais sentir à personne son immense supériorité ; il aimait avant tout le calme et la tranquillité et il faisait en sorte de se conformer à cette maxime qui était la sienne : le vrai bonheur est la tranquillité, et le premier moyen de se la procurer est de la donner aux autres. La liste de ses bienfaits serait longue, aussi n'en puis-je citer que quelques-uns pris au hasard : il fit construire une nouvelle cure, vint plusieurs fois au secours des budgets de la ville et de l'hôpital ; en 1780, la tour du pont devait tomber sous le marteau des démolisseurs, alors il fit transporter, à ses frais, sur la tour de l'Hôtel de ville, l'horloge publique qui la surmontait.

Aurait-on oublié, par impossible, que Buffon choisit à son fils pour parrain et marraine deux pauvres honteux afin d'avoir un moyen de leur venir en aide sans blesser leur fierté ? que ces jardins tracés sur un rocher aride ont été entrepris surtout pour donner du travail et du pain à des personnes nécessiteuses, et que les surveillants avaient ordre de veiller à ce que les *hottes* des travailleurs fussent petites ? Je ne sache pas qu'il y ait une façon plus délicate et plus morale de faire l'aumône, et il n'est donné qu'à des cœurs vraiment généreux et nobles de comprendre et de pratiquer ainsi la charité.

Voici un petit épisode de la vie de Buffon, qui prouve combien il était aimé et compris à Montbard : en 1771 il fit à Paris une maladie assez grave pour jeter l'alarme parmi les savants et ses amis, mais grâce à la Providence, dont les desseins sont immuables, il sortit vainqueur de cette rude épreuve ; alors convaincu que l'air vivifiant de la Bourgogne hâterait sa convalescence, il résolut de revenir dans sa chère retraite de Montbard. Aussitôt que la Chambre municipale apprit ce projet, elle décida *à l'unanimité* qu'elle se porterait en corps au devant de lui ; et le comte de Buffon fut reçu aux portes de la ville par le maire et les échevins, au bruit du canon et aux acclamations des habitants, heureux de revoir un homme dont ils avaient presque pleuré la perte. Cette royale réception n'est-elle pas la preuve que si Buffon était en possession d'une souveraineté, elle s'exerçait exclusivement sur les esprits et les cœurs, et que ses compatriotes avaient encore conservé une vertu bien rare, le courage de la reconnaissance ?

Je dois ajouter cependant qu'un certain nombre de personnes ont gardé bien plus le souvenir de ses soi-disant travers et de ses prétendues fautes que de ses qualités et de ses vertus ; mais sa correspondance, mise au jour par M. Flourens et un de ses petits-neveux, réduit à néant les mesquines accusations dont ses bienfaits et sa renommée n'ont pu le garantir. Cette renommée

immense et incontes'ée n'avait-elle pu réveiller l'esprit de déni-
grement qui n'épargne pas même les plus hautes têtes ; je n'en
doute pas. Le monde, hélas, est plein de médiocrités envieuses,
d'esprits niveleurs, qui ne peuvent dormir tranquilles à l'ombre
d'un grand nom. Mais soyez sans crainte, Messieurs, le jour de
l'éternelle justice est inévitable et la postérité vengeresse relè-
gue impitoyablement les détracteurs dans le plus profond oubli,
tandis qu'aux hommes vraiment supérieurs elle réserve l'*immortalité !*

En 1750, Buffon s'éprit d'une demoiselle de Saint-Belin et
l'épousa, mais il ne conserva pas longtemps cette compagne
affectueuse et distinguée ; elle mourut après lui avoir laissé un
fils qui devint colonel d'infanterie et que le niveau de 93 fit
monter sur l'échafaud à l'âge de 29 ans; ce digne fils d'un tel
père, avant de livrer sa tête au bourreau se contenta de pre-
noncer ces nobles paroles : « Citoyens je me nomme Buffon ! »

Messieurs, laissez-moi remplir un devoir en évoquant pour
un moment le souvenir de la dernière comtesse de Buffon, souvenir encore vivant dans tous les cœurs: c'était une demoiselle
Daubenton, deuxième femme du fils de Buffon ; je ne crains pas
d'être démenti en vous disant qu'elle n'avait que des amis ; je
ne saurais me rappeler sans émotion et sans regrets avec quelle
urbanité, quelle affabilité elle accueillait tout le monde ; personne, petit ou grand, riche ou pauvre, ne sortait de chez elle
sans avoir reçu une parole de bienveillance, sans être profondément touché de sa simplicité et de sa bonté. Elle n'a jamais pu
se résigner à perdre le nom glorieux qu'elle avait toujours été si
fière de porter, et elle a voulu mourir en méritant les regrets
de toute une ville.

Vous voyez parmi nous les neveux et les héritiers de
Buffon : qui ne connaît et n'estime le respectable chef de cette
famille? Nous l'aimons, nous le vénérons, car il a vieilli au milieu de nous et il a su, dans une position modeste, s'honorer
et rendre d'éminents services à son pays.

Son fils, qui occupe une haute position dans les sciences, est l'auteur gratuit d'un projet, réalisé à cette heure, qui permet de donner une eau salubre et abondante à toute une population qui en manquait. Je sais bien que le désintéressement et l'amour du devoir sont une tradition de sa famille ; néanmoins qu'il me permette de me faire ici l'interprète des sentiments de mes concitoyens, et de lui offrir le témoignage de notre vive gratitude.

Messieurs, l'étude d'un homme comme Buffon et de ses œuvres, est celle de l'esprit humain dans ce qu'il a de plus grand et de plus sublime ; elle fait naître en nous deux impressions opposées : la première est une impression de faiblesse ou mieux de petitesse en présence des phénomènes grandioses de la nature et des terribles problèmes dont la solution nous échappe. Je la redoute, car une trop grande humilité use les ressorts de notre ame, nous rapetisse et nous conduit tout droit au fatalisme, c'est-à-dire au découragement et à la stérilité. La deuxième est une impression d'orgueil et de puissance. J'aime et je préfère ce sentiment, car il stimule nos facultés intellectuelles ; il élève notre esprit et notre cœur ; il est l'auteur des merveilleuses découvertes que nous admirons ; il a enfanté dans les siècles écoulés : les Leibnitz, les Newton, les Buffon, les Napoléon. Il est, en un mot, le père du génie.

DISCOURS DE M. DUMÉRIL,

Professeur au Museum d'histoire naturelle

MESSIEURS,

Buffon disait, en 1764 : « Nous n'usons pas, à beaucoup près, de toutes les richesses que la nature nous offre..... Elle nous a donné le cheval, le bœuf, la brebis, tous nos autres animaux domestiques, pour nous servir, nous nourrir, nous vêtir, et elle a encore des espèces de réserve qui pourraient suppléer à leur défaut et qu'il ne tiendrait qu'à nous d'assujettir et de faire servir à nos besoins. L'homme ne sait pas assez ce que peut la nature et ce qu'il peut sur elle » (1).

Ces belles paroles, rappelées dans une des séances solennelles de la *Société zoologique d'acclimatation* par le Président, Son Excellence M. Drouyn de Lhuys, résument, en quelque sorte, le programme de notre association scientifique. Le but qu'elle s'efforce d'atteindre n'est-il pas, en effet, d'augmenter partout où les tentatives semblent praticables le nombre des animaux et des végétaux destinés à accroître les matériaux de notre alimentation, ou à doter l'industrie de précieux produits, et d'importer dans les pays qui ne les possèdent point encore des races animales dont les services peuvent être utilisés? Travailler à multiplier les ressources de tout genre que nous trouvons dans le règne animal et dans le règne végétal, n'est-ce pas se conformer aux grandes vues de Buffon touchant le pouvoir de l'homme sur la nature? n'est-ce pas tendre à les réaliser? La Société, reportant jusqu'au grand naturaliste l'idée première de l'œuvre qu'elle poursuit, a voulu prendre part à la solennité qui nous

____

(1) *Histoire naturelle*, t. XI, p. 95.

réunit autour du monument destiné à conserver toujours vivant le souvenir de l'homme célèbre dont le génie s'est montré digne de la majesté de la nature (1).

Celui qui est appelé à l'honneur de représenter, en ce jour, la *Société impériale d'acclimatation* ne peut oublier qu'il appartient en même temps au Muséum d'histoire naturelle illustré par Buffon, et dont la Ménagerie a été nommée, à si juste titre, « Ecole d'acclimatation. » La gloire d'une si utile création était réservée à ses successeurs, mais c'est en décrivant les animaux, qui furent le noyau des magnifiques collections actuelles, que Buffon, plein d'enthousiasme au milieu des trésors rassemblés autour de lui, sentit, suivant ses propres expressions, « jusqu'où s'étend, pour nous, la libéralité de la nature » (2). Il fit alors entendre les plus chaleureux appels pour exciter à des tenta-tives ayant pour objet d'augmenter ce qu'il nomme « les vraies richesses des nations » (3). — « J'imagine, dit-il en parlant du Lama et de ses congénères, que ces animaux seraient une excel-lente acquisition pour l'Europe, spécialement pour les Alpes et pour les Pyrénées, et produiraient plus de biens réels que tout le métal du Nouveau Monde » (4).

Ce que, le premier, il comprit et proclama à plusieurs repri-ses en écrivant l'histoire du Buffle, du Chameau, du Nilgaut, du Renne, du Lama, dont il souhaitait la naturalisation dans les pays où ces espèces manquent, Daubenton, que Montbard s'ho-nore aussi de compter au nombre de ses enfants, Daubenton, le premier, passant comme on l'a dit « de la parole à l'ac-tion, » le démontra possible par l'acclimatation en France des moutons à laine fine d'Espagne.

Parmi les enseignements que les naturalistes de notre siècle ont tirés des grandes idées de Buffon sur quelques-uns des points restés jusqu'alors les plus obscurs dans les sciences natu-

(1) *Majestati naturæ par ingenium.* Epigraphe de la statue de Buffon au Muséum.

(2) *Histoire naturelle,* t. XII, p. 95.

(3) *Id.,* t. XI, p. 239.

(4) *Id.,* t. XIII, p. 31.

relles, il est donc permis de ranger ceux qui se rapportent à l'asservissement des animaux utiles non encore soumis à la domestication.

Les orateurs que vous venez d'entendre ont rappelé dans des paroles éloquentes les titres de celui dont nous saluons l'image à une gloire immortelle. Cependant, un fleuron aurait manqué à sa couronne si l'on avait omis de signaler ici le rang qu'il occupe à la tête des zoologistes, dont les études dirigées vers un but pratique ont toujours en vue le développement du bien-être général.

AUG. DUMÉRIL,

L'un des vice-présidents de la *Société impériale zoologique d'acclimatation.*

INAUGURATION

FONTAINES PUBLIQUES

A dix heures du matin, le clergé, accompagné de M. le Sous-Préfet de Semur, du corps municipal et d'un immense concours de personnes, est sorti processionnellement de l'église paroissiale pour se rendre à la source des Douies, qui alimente les fontaines d'une eau aussi limpide que salubre ; là, M. le curé a prononcé un discours aussi bien pensé que bien écrit; ensuite M. le Sous-Préfet a pris la parole, et dans une improvisation heureuse il a fait l'éloge de l'entreprise des fontaines, couronnée d'un plein succès. Voici, d'ailleurs, le discours de M. le curé :

> Initium vitæ hominis aqua et panis.
> Les principales choses pour la vie de l'homme sont l'eau et le pain, dit la sainte Écriture.
> (Eccles.. c. 29, v 24.)

Messieurs,

Remarquez, je vous prie, avec quelle justesse s'exprime l'auteur sacré. Il nomme l'eau avant le pain. C'est que l'eau, en effet, se trouve à la tête de toutes les choses que Dieu crée ou ordonne, soit dans l'ordre naturel, soit même dans l'ordre surnaturel.

Nous savons qu'il y eut un temps où l'eau seule apparaissait sous l'œil du Dieu créateur ; son esprit alors était porté sur les eaux : *Spiritus Dei ferebatur super aquas* (Gen. I, v. 2).

Plus tard, Dieu veut préparer une demeure à l'homme sa créature. Il faut que l'élément aride paraisse. Dieu sépare les eaux d'avec les eaux ; sa parole toute puissante les rassemble dans ces grands réservoirs que l'on appelle les mers, ou bien les fait circuler perpétuellement dans notre globe par des veines mystérieuses, comme le sang circule dans le corps humain pour l'animer et le rafraîchir. Puis sa bonté les fait sortir tantôt en flots bouillonnants, tantôt en pures et limpides fontaines. Elle leur creuse des lits à la surface du globe. Le soleil les aspire en vapeurs légères ; il les promène sur nos têtes en forme de nuages ; les dépose sur nos campagnes en tièdes et fertiles ondées ; ou bien portées au sommet des plus hautes montagnes, elles se solidifient au souffle des aquilons et deviennent ces glaces et ces neiges éternelles, qui font à leurs fronts altiers ces diadèmes resplendissants, réservoirs inépuisables de nos grands fleuves.

Et dans tout cela quel ordre, quelle sublime harmonie : « C'est que Dieu les a pesées et mesurées, ces eaux, s'écrie le » saint homme Job ; il a prescrit une loi aux pluies, et marqué » un chemin aux foudres et aux tempêtes. »

Cependant les eaux ne coulent pas partout avec la même abondance, elles ne se présentent pas toujours avec les mêmes caractères de fraîcheur et de salubrité. Vous souvenez-vous, Messieurs, qu'au sortir de l'Egypte les Israélites, après trois jours de marche dans le désert, arrivèrent altérés, haletants, proche d'un lieu qui s'appelait Mara, et qu'ils murmurèrent contre Moïse parce qu'ils ne pouvaient boire des eaux de Mara tant elles étaient amères ! Vous souvenez-vous encore de leurs plaintes quand plus tard, campés à Raphidim, l'eau leur manqua tout à fait pour étancher la soif qui les dévorait.

Ne l'oublions pas pourtant, Messieurs, l'homme, quoique bien petit devant son créateur, a reçu de sa bonté de bien grands pouvoirs. Dieu, comme disait le Psalmiste, l'a établi sur les ouvrages de ses mains, il a mis toutes choses sous ses pieds, jusqu'aux monstres de la mer, qui se promènent dans les sentiers de l'Océan : Il lui a donné l'empire des eaux.

L'homme peut, par certains moyens que la chimie enseigne,

rendre douce l'onde amère, comme Moïse avec un certain bois l'avait fait pour les Hébreux. Il peut, comme lui avec la baguette mystérieuse, s'armer du fer et du salpêtre et frayer à travers la roche la plus dure un passage facile au liquide élément. Mais pour opérer ces merveilles, il faut la science d'abord, puis de l'énergie et une rare persévérance. Et voilà pourquoi nous devons payer le tribut d'une juste reconnaissance à tous ceux qui ont travaillé et qui ont réussi à nous donner les bienfaits d'une eau pure et salutaire, qu'un art savant a déjà distribuée dans presque toutes les rues de notre ville, et qui iront porter avec elle l'aisance et la santé, car l'eau c'est la vie, *initium vitæ hominis aqua.* C'est vrai dans l'ordre naturel.

C'est vrai encore dans l'ordre surnaturel. Quand Notre-Seigneur veut trouver la matière de ces merveilleux sacrements par où sa grâce nous arrive, est-ce l'or? est-ce l'argent? ces métaux que nous appelons précieux, qui vont devenir les instruments de sa mystérieuse action sur les ames? Non, Messieurs; ils peuvent bien parfois rehausser par leur éclat les pompes de son culte; mais la grâce, elle nous arrivera par des moyens beaucoup plus simples; et, c'est l'eau d'abord qui nous la donnera. Et ce n'est que plus tard que le pain, le pain sans levain, le pain eucharistique, chose simple aussi, viendra la développer et la fortifier dans nos ames.

Ah ! quand parfois, parcourant nos campagnes sous un soleil de printemps, je vois tant de plantes et tant de fleurs ouvrir leurs gracieuses corolles et demander en quelque sorte avec empressement la rosée qui doit les faire vivre et les fertiliser, avec quelle peine je vois l'homme, l'homme seul, fermer son cœur à l'action bienfaisante de cette eau de la grâce, dont Dieu m'a fait le canal et le dispensateur parmi vous !

Et cependant la religion s'associerait avec tant de bonheur à vos joies comme à vos douleurs ! Elle les ferait si facilement fructifier pour le ciel !

Voyez aujourd'hui, je suis heureux de prendre un instant la parole pour rendre hommage à tous ceux qui ont entrepris et conduit ces beaux et utiles travaux; à l'habile ingénieur d'abord, enfant de cette cité, qui vient d'acquérir un nouveau

titre à son ardente gratitude ; à tous ces dévoués coopérateurs ;
au magistrat intelligent, actif, persévérant, qui, à travers bien
des épreuves, a poursuivi et consommé cette entreprise bienfaisante et difficile ; à tous ces conseillers de la cité qui l'ont aidé
de leur crédit, de leur confiance et de leurs lumières ; à tous
ceux qui ont bien voulu apporter à cette cérémonie l'honneur
de leur présence et leur concours dévoué.

Puis, laissez-moi espérer qu'un jour, un jour prochain, le jour
de la miséricorde de mon Dieu, vous boirez tous de cette eau
meilleure que Notre-Seigneur promettait à la Samaritaine, et
qu'éclairés sur les besoins de votre immortelle nature, vous
viendrez tous vous désaltérer aux eaux vivifiantes de la grâce
qui jaillissent jusqu'à la vie éternelle.

Quant à l'improvisation de M. le Sous-Préfet, nous la reproduisons aussi exactement que possible :

MESSIEURS,

Je n'ai rien à ajouter aux paroles que vient de vous faire entendre M. le curé de Montbard ; elles ont été, comme tout ce qui
vient de la religion, droit à vos cœurs et y laisseront des souvenirs durables.

Je désire seulement féliciter M. Viard, maire de Montbard,
d'avoir, avec l'amour du bien et la fermeté que nous lui savons,
pris résolument l'initiative d'un projet dont on avait toujours
douté et dont nous voyons aujourd'hui l'heureuse réalisation.
Il a bien secondé les intentions du gouvernement de l'Empereur,
si favorable à tout ce qui contribue au bien-être des populations, et il a droit à ses éloges comme aux vôtres.

Pouvait-il être jour mieux choisi pour la bénédiction de ces
fontaines, que celui où nous avions à inaugurer la statue de
Buffon ? Chacun de vous sait, en effet, que le projet de ces fon-

taines est dû à un descendant du grand naturaliste, à M. Nadault de Buffon, cet ingénieur d'élite, qui a bien voulu consacrer les loisirs que lui laissent d'importantes fonctions, à être utile à sa ville natale.

Vous vous associerez tous, je n'en doute pas, aux remercîments dont je me fais l'interprète, et vous me saurez gré d'associer à son nom celui d'un fonctionnaire plus modeste, de M. Jalla, conducteur des ponts et chaussées, qui, par une surveillance aussi active qu'intelligente, a assuré l'exécution modèle de ces travaux.

––––––

Le soir, un banquet de soixante couverts, présidé par M. Chevreul, réunissait, dans une des salles de l'hôtel de Ville, tous les invités. Au dessert, plusieurs toasts ont été portés :

1° M. le sous-préfet : louant dans un rapprochement heureux la fête du matin et la fête toute intellectuelle du soir, les progrès visibles de notre époque et le concours toujours favorable du gouvernement pour développer ces deux sortes de progrès : A l'Empereur, à l'Impératrice, au Prince impérial !

2° M. Rolle, député : A la ville de Montbard et à l'arrondissement tout entier qui ont contribué par leurs souscriptions à l'érection de la statue de Buffon !

3° M. Viard, maire : A M. Duruy, ministre de l'instruction publique, protecteur éclairé des sciences et des lettres, et à son illustre représentant M. Chevreul !

4° M Mongis : A la ville de Montbard et à son maire, M. Viard, qui ont honoré dignement par une cérémonie imposante la mémoire de Buffon !

5° M. le Dr Bréon, de Paris : A M. Georges Nadault, âgé de quatre-vingt-cinq ans, le juge de paix modeste et intègre, neveu de Buffon !

Le banquet s'est terminé par une petite improvisation de M. Chevreul. Nous ne nous rappelons pas avoir entendu jamais une allocution plus pétillante d'esprit et d'à-propos, et dite avec plus de bonhomie et de charme ; aussi a-t-elle été couverte, à plusieurs reprises, d'unanimes applaudissements.

Dr C. VIARD.

(2321) Imp. E. Johard.

www.ingramcontent.com/pod-product-compliance
Lightning Source LLC
LaVergne TN
LVHW050115060726
842524LV00003B/1124